UNE COLLECTION

DE PORTRAITS HISTORIQUES

LES WATTEVILLE EN FRANCHE-COMTÉ

PAR

L'ABBÉ P. BRUNE

CORRESPONDANT DU COMITÉ DES SOCIÉTÉS DES BEAUX-ARTS
DES DÉPARTEMENTS

PARIS

TYPOGRAPHIE PLON-NOURRIT ET Cⁱᵉ

RUE GARANCIÈRE, 8

1900

UNE COLLECTION
DE PORTRAITS HISTORIQUES

LES WATTEVILLE EN FRANCHE-COMTÉ

PAR

L'abbé P. BRUNE

CORRESPONDANT DU COMITÉ DES SOCIÉTÉS DES BEAUX-ARTS
DES DÉPARTEMENTS

PARIS

TYPOGRAPHIE PLON-NOURRIT ET Cⁱᵉ

RUE GARANCIÈRE, 8

1900

Ce mémoire a été lu à la réunion des Sociétés des Beaux-Arts des départements, tenue dans l'hémicycle de l'École des Beaux-Arts, à Paris, le 7 juin 1900.

1. — JEAN-JACQUES DE WATTEVILLE

ROSE DE CHAUVIREY

UNE COLLECTION
DE PORTRAITS HISTORIQUES

LES WATTEVILLE EN FRANCHE-COMTÉ

L'année dernière, j'avais l'honneur de signaler au Congrès le curieux reliquaire de la jambe de saint Just, épave de l'antique abbaye de Bénédictines de Château-Chalon, conservée actuellement dans l'église paroissiale. Une heureuse circonstance me ramène encore aujourd'hui à la noble abbaye et me permet de vous entretenir d'un autre de ses trésors.

Au cours d'une visite à Baume-les-Messieurs, où il venait recueillir les traces du séjour du célèbre abbé dom Jean de Watteville, M. Emmanuel J. de Watteville, de la branche suisse de Berne, me signalait une précieuse collection de portraits anciens de la branche franc-comtoise, conservée depuis le commencement du siècle au château familial de Landshut, près Soleure. Étant parvenu plus tard à la faire photographier, il m'en envoya les reproductions que je communique au Congrès et qui me permirent d'apprécier toute la valeur de cette collection. Elle est d'un prix inestimable pour notre province de Franche-Comté; on y trouve, en effet, les portraits — inconnus jusqu'à ce jour — de plusieurs de nos plus illustres personnages des xvie et xviie siècles, parmi lesquels ceux du fameux abbé de Baume et de son frère, l'ambassadeur d'Espagne en Angleterre, célèbre par ses démêlés avec l'ambassadeur de France; du marquis de Conflans, qui obligea le prince de Condé à lever le grand siège de Dole en 1636; de son petit-fils, vice-roi de Navarre, etc.

Cette magnifique collection se trouve aujourd'hui menacée d'une dispersion prochaine, que la famille demeure impuissante à prévenir, malgré de très louables efforts. J'ai voulu, avant sa disparition, la faire connaître et apprécier, et en même temps essayer d'en déterminer l'origine franc-comtoise.

La collection se compose actuellement de quatorze grands portraits en pied et de grandeur naturelle. Ils étaient plus nombreux au commencement du siècle; mais des cadeaux à des parents et amis de la famille les ont quelque peu diminués. Ces portraits semblent tous être des originaux. Ils portent des inscriptions qui, à part les noms des dames, me paraissent[1] avoir été peintes en Suisse, lorsqu'ils y furent transportés. On ajouta en même temps des numéros d'ordre.

Il est difficile d'apprécier des tableaux sur de simples photographies. Néanmoins, nos reproductions ne peuvent manquer de donner une haute idée de ces peintures. Nul doute qu'elles ne soient dues à des artistes hors de pair de l'École espagnole ou des Pays-Bas. La Franche-Comté était alors unie à ces deux pays par les liens les plus étroits, et nos personnages y occupaient, du reste, des charges très importantes. Aucun de ces portraits n'est signé, et, comme il est impossible de les étudier sur place, je laisserai le côté artistique pour m'occuper surtout de l'identification des personnages.

1. — *Jean-Jacques de Watteville et Rose de Chauvirey*[2].

Jean-Jacques (1506-1560) était fils de Jacques de Watteville, avoyer de Berne, qui, en 1513, commandait 20,000 Suisses au siège de Dijon[3]. Gentilhomme du duc de Savoie, blessé à Pavie, lieutenant général dans la guerre de Zurich et avoyer en 1531, son mariage avec Rose de Chauvirey, fille de Philibert, seigneur de Châteauvilain et de Colombier, lui valut, le premier de sa famille, des biens en Franche-Comté.

Il est représenté dans son costume de guerre, composé de la cuirasse façonnée en pointe, de brassards et tassettes d'acier poli, et chaussé de lourdes bottes. Il tient de la main droite le bâton

---

[1] Grâce à certains détails d'orthographe.
[2] Voir la planche.
[3] L. GOLLUT, *Mémoires historiques de la république séquanaise*, nouv. éd., Arbois, 1846, col. 1524.

3. — GÉRARD DE WATTEVILLE

de commandement, tandis que de la gauche il s'appuie à une table drapée sur laquelle est déposé son armet. L'inscription moderne est surmontée du blason des armes de Watteville : *de gueules à trois demi-vols d'argent, 2 et 1.*

Rose de Chauvirey porte le costume de la fin du règne de Henri IV : robe élargie en tonneau par la vertugade, manches ballonnées, collet montant et rebras ou manchettes en fines dentelles ; chaînettes d'or sur la taille.

2. — *Nicolas de Watteville et Anne de Joux* [1].

C'est dans un costume plus brillant que nous apparaît Nicolas de Watteville, marquis de Versoix, second fils de l'avoyer Jean-Jacques. Sur son vêtement de drap d'argent s'étale le grand manteau de l'Annonciade, à la riche bordure de roses blanches et rouges séparant les FERT de la devise de l'ordre.

Fermement attaché à la foi catholique, Nicolas quitta la Suisse au moment des progrès de la Réforme et vint s'établir à Château-vilain, forteresse et domaine considérables, qu'il tenait de son mariage avec Anne de Joux, dite de Grammont. Ses enfants formèrent la branche franc-comtoise de la famille, qui prit rang immédiatement parmi la première noblesse de la province.

Le roi d'Espagne eut à cœur de récompenser sa fidélité à la foi catholique. Il fut gentilhomme du roi au service de l'Empire (1572), député des États de Franche-Comté auprès du corps helvétique (1596), chevalier de l'Annonciade, puis de la Toison d'or (1606). Anne de Joux, son épouse, se présente en atours plus modestes et convenables à son âge assez avancé ; ses seuls ornements sont un collier formé de cinq rangs de chaînettes et d'un bijou d'orfèvrerie sur la poitrine. A ses côtés, on voit l'écusson mi-parti de Watteville et de Joux [2].

3. — *Gérard de Watteville et Catherine de Boba* [3]

Nous retrouvons avec le portrait de Gérard de Watteville, marquis de Conflans, fils aîné de Nicolas et d'Anne de Joux, la

---

[1] Voir la planche.
[2] L'antique maison de Joux portait *d'or fretté de sable.*
[3] Voir la planche.

sévère armure d'acier que ne quitteront plus guère ses successeurs, mais égayée chez lui par la blancheur du col et des poignets de dentelles, et par l'écharpe de grand maréchal du comté de Bourgogne, passée en sautoir.

Ce visage calme, réfléchi, et en même temps d'une si noble fermeté, répond de tous points à l'idée que nous donne l'historien de nos guerres de ce « seigneur plein de sagesse et de valeur [1] », qui par deux fois sauva la province de la conquête étrangère.

« Conflans avait appris la guerre à l'école du duc de Savoie, Charles-Emmanuel, l'un des grands capitaines de son temps... Négociateur habile, soldat infatigable, plein d'honneur et d'une grande bravoure personnelle [2], » il avait déjoué, en 1632, les projets de conquête du rhingrave Othon-Louis, déjà maître de l'Alsace [3]. A soixante-sept ans, il conservait toute l'activité de la jeunesse, lorsque par sa ferme valeur et son habileté consommée il obligea le prince de Condé à lever le siège de Dole et Richelieu à renoncer à la conquête de la Franche-Comté, qui lui tenait tant à cœur. La peste l'emporta l'année suivante (1637), au moment où il se préparait à repousser la seconde invasion du duc de Longueville [4]. Nous sommes heureux de faire connaître à notre province cette mâle figure d'un de ses enfants qui ont le mieux mérité d'elle, à l'époque héroïque et dans la crise la plus terrible de son histoire.

Catherine de Boba, sa femme, était fille d'Albert, marquis de Graglia, et de Marie-Anne de Costa, comtesse d'Avignan, en Lombardie. La simplicité de son costume, orné seulement de chaînettes et bijoux d'orfèvrerie, fait ressortir la finesse italienne de sa physionomie. C'est un bon portrait.

4. — *Philippe-François de Watteville et Louise-Christine de Nassau.*

Philippe-François, comte de Bussolin, fut un des meilleurs lieutenants de son père, le marquis de Conflans, dans la guerre de Dix ans. Il avait levé sur ses terres et à ses frais un régiment entier

---

[1] Girardot de Nozeroy, *Histoire de dix ans de la Franche-Comté de Bourgogne.* Besançon, 1843, p. 29.

[2] Ch. Baille, *le Comté de Bourgogne de 1595 à 1674.* Besançon, 1881, p. 57.

[3] Girardot de Nozeroy, *Histoire de dix ans, etc.*, p. 32.

[4] Idem, *ibid.*, p. 192.

2. — NICOLAS DE WATTEVILLE

4. — PHILIPPE-FRANÇOIS DE WATTEVILLE

5. — JEAN-CHARLES DE WATTEVILLE — DESLE DE BAUFFREMONT

qui fut décimé au sanglant combat de Cornod [1]. Sa mort prématurée, arrivée quelques mois avant celle de son père, brisa, à la fleur de son âge, la brillante carrière que lui assuraient ses hautes qualités.

Louise-Christine, fille de Jean II, comte de Nassau-Dillembourg et de Marguerite de Holstein-Sunderbourg [2], lui survécut longtemps. On la trouve encore en 1664 à Châteauvilain, où elle est marraine d'un de ses petits-fils [3].

5. — *Jean-Charles de Watteville et Desle de Bauffremont* [4].

Jean-Charles de Watteville, marquis de Conflans, fils du comte de Bussolin, prit la place de son père au service de l'Espagne. Créé chevalier par Philippe IV en 1660 [5], il devint successivement général de cavalerie, gouverneur de Luxembourg, vice-roi de Navarre et chevalier de la Toison d'or.

Il mourut en 1699. Il porte avec aisance le superbe costume de la Toison d'or, qui fait ressortir la noblesse de son beau visage.

Son épouse, fille du marquis de Listenois [6], se montre dans tout l'éclat d'une beauté peu commune. Parée de multiples rangs de perles, elle tient à montrer que son trésor est loin d'en être épuisé : d'un geste gracieux et coquet, elle nous fait admirer un beau pendant d'oreille de brillants qu'elle vient de tirer d'un plein sachet.

6. — *Charles-Emmanuel de Watteville.*

A l'exemple de ses ancêtres, Charles-Emmanuel, marquis de Conflans, fit toute sa carrière militaire au service de l'Espagne; comme eux aussi, il parvint au grade de général de la cavalerie espagnole. Après la conquête française, il fit sa soumission et habita la forteresse de Châteauvilain, que le crédit de l'abbé de Baume avait fait épargner dans le démantèlement général ordonné par Louis XIV en 1668. Il eut d'Isabelle de Mérode trois filles et un fils, le dernier marquis de Conflans, possesseur d'une célèbre galerie

[1] Girardot de Nozeroy, *Histoire de dix ans, etc.*, p. 145, 156, 192.
[2] *Nobiliaire des Pays-Bas et du comté de Bourgogne.* Louvain, 1760, t. I, p. 394.
[3] Rousset, *Dict. des communes du Jura*, t. VI, p. 18.
[4] Voir la planche.
[5] *Nobiliaire des Pays-Bas, etc.*, t. I, p. 194.
[6] *Mémoires de J. Chifflet*, t. II, p. 293, note.

de tableaux, qui dévora, comme on savait le faire à la cour de
Louis XV, une immense fortune [1].

7. — *Jean de Watteville, évêque de Lausanne.*

Nous en avons fini avec la branche aînée, celle des marquis de
Conflans. D'autres personnages, et non des moindres, font aussi
partie de notre galerie.

C'est d'abord un frère de Gérard, qui entra dans les ordres et
devint abbé de la Charité, en Franche-Comté, puis évêque de
Lausanne et prince du Saint-Empire. Il fut reçu à la confrérie de
Saint-Georges en 1612 et mourut en 1648 [2].

8. — *Charles de Watteville, comte de Courvière* [3].

Un troisième frère de Gérard, nommé Pierre, baron de Watteville et comte de Courvière, dont nous n'avons pas le portrait, avait
épousé Judith de Brebia [4], dont il eut Charles, Jean et Marie-Angélique [5]. Il prit part aux guerres de Franche-Comté, sous les ordres du
marquis son frère, mais passa la plus grande partie de sa carrière
en Italie, en qualité de général de cavalerie pour l'Espagne.

Charles, son fils aîné, eut une brillante destinée. Maréchal de
camp dès 1647, commandant de l'armée navale qui bloqua la
Garonne en 1650, gouverneur de Saint-Sébastien en 1660, il était
l'année suivante ambassadeur en Angleterre, quand il eut avec le
comte d'Estrades une querelle de préséance qui ensanglanta les
rues de Londres et obligea le roi d'Espagne à envoyer à Paris le
comte de Fuentès, en qualité d'ambassadeur extraordinaire, décla-
rer que les ambassadeurs d'Espagne n'entreraient jamais en con-
currence avec ceux de la France. Louis XIV considéra cet incident
comme une victoire signalée. Par ses ordres, une inscription de la

[1] V. Catalogue de tableaux originaux de Paul Bril, Breughel... après le décès de
M. le comte de Watteville, par Remy et Paul Delaunay. Paris, veuve Delaunay,
1779, in-12 de 35 pages.

[2] Ch. THURIET, *la Chevalerie de Saint-Georges en Franche-Comté.* Poligny,
1878, p. 64.

[3] Voir la planche.

[4] *Mémoires de J. Chifflet.* Besançon, 1867, p. 191, note.

[5] Religieuse et abbesse de Château-Chalon, princesse du Saint-Empire, morte
en 1700 (VAISSIÈRE, *Obituarium abbatiæ Castri Caroli,* 1876, p. 81).

8. — CHARLES DE WATTEVILLE

place des Victoires en retraça le récit, et Coysevox représenta l'audience du 24 mars 1662, où Fuentès fit les excuses du roi d'Espagne devant vingt-quatre ministres étrangers, sur un vase de la terrasse de Versailles où on le voit encore [1].

Charles de Watteville ne perdit pas pour autant la faveur de son souverain, car il devint connétable de Castille, vice-roi de Biscaye et de Naples, et mourut, sans alliance, ambassadeur en Portugal.

9. — *Dom Jean de Watteville, abbé de Baume* [2].

Nous arrivons enfin à notre dernier portrait, celui du plus connu des Watteville, le fameux dom Jean, abbé de Baume. Il naquit en 1613 à Milan, où son père commandait un régiment, et passa en Italie toute sa jeunesse. Charles, son frère aîné, lui céda la charge de mestre de camp du régiment du cercle de Bourgogne pour aller prendre part à la révolution de Naples. C'est alors que commencèrent les aventures fabuleuses d'une vie dont l'Italie, l'Espagne, la Turquie et la France furent successivement le théâtre, si l'on en croit le roman de Saint-Simon [3], agrémenté de nouveaux épisodes par chacun de ses copistes. Fixé enfin dans son abbaye de Baume (1659), pourvu en outre par la faveur de Philippe IV des dignités de haut doyen du chapitre de Besançon et de premier maître des requêtes au Parlement, il prend une part active aux affaires de la province. On sait son rôle dans la conquête de 1668. Après avoir failli réussir, à la grande crainte de Louis XIV, à faire de la Franche-Comté un quatorzième canton suisse, il trouve, à son retour, Dole, Besançon et Salins au pouvoir du roi de France ; le désarroi qui règne partout, l'abandon égoïste de son malheureux pays par l'Espagne, lui font juger toute résistance inutile. Son parti est bientôt pris : il se rend auprès du grand roi et s'entremet à lui faire rendre la ville de Gray qui seule tenait encore.

Après la seconde conquête, il ne quitta plus son abbaye de Baume, qu'il s'attacha à relever de ses ruines.

Il y mourut à quatre-vingt-huit ans, ayant montré un jugement solide jusqu'à la fin de sa vie, « en qui l'on vit, dit son acte mor-

[1] *Mémoires de Saint-Simon*, édit. de Boislisle, t. X, p. 11.
[2] Voir la planche.
[3] *Mémoires de Saint-Simon*, t. X, p. 10-22.

tuaire, tout ce que peut faire la grâce pour l'homme et tout ce que l'homme peut faire par la grâce [1]. »

Son beau portrait le représente revêtu de la robe de conseiller au Parlement, la croix abbatiale par-dessus. Cette tête, si expressive, est la traduction fidèle de l'intéressant portrait tracé par Pellisson de cet homme extraordinaire ; on y retrouve ce « tempérament froid et paisible en apparence, ardent et violent en effet beaucoup d'esprit, de vivacité et d'impétuosité au dedans ; beaucoup de dissimulation, de modération et de retenue au dehors ; des flammes couvertes de neige et de glace... [2] ». Tel nous apparaît bien celui que le grand roi redoutait comme son principal adversaire dans la conquête de la Franche-Comté.

Après cette énumération rapide et trop monotone des personnages de notre collection, il nous reste à parler de ses origines et de son transfert en Suisse.

Il est de tradition dans la famille de Watteville que ces portraits auraient été donnés par la dernière abbesse de Château-Chalon à l'avoyer de Berne, Nicolas-Rodolphe de Watteville, au moment de la Révolution, pour les sauver d'une destruction certaine. Il n'y a rien là que de très vraisemblable, et les recherches que j'ai faites dans les archives de l'abbaye, bien qu'elles ne m'aient pas apporté de documents décisifs, viennent cependant appuyer cette tradition.

En récompense de la soumission de Gray, l'abbé de Watteville avait obtenu de Louis XIV, entre autres avantages, la coadjutorerie de Château-Chalon pour sa sœur Marie-Angélique, religieuse dans cette abbaye. A celle-ci, morte en 1700, deux ans avant l'abbé de Baume, succéda une nièce qu'elle avait adoptée suivant l'usage de la maison, et, dès lors, Château-Chalon devint comme un fief de famille : cinq abbesses de Watteville l'occupèrent jusqu'à la Révolution.

Dans l'inventaire des meubles de l'abbesse Anne-Marie de Watteville, décédée le 6 février 1733, nous trouvons des mentions qui peuvent se rapporter à notre collection. On y voit en effet :

[1] V. ma *Notice sur les œuvres d'art de l'église de Baume-les-Messieurs* (*Bull. archéologique*, 1894, p. 16 du tirage à part).

[2] *Continuation des mémoires de littérature et d'histoire*, t. VII, part. I, p. 178.

9. — DOM JEAN DE WATTEVILLE

« Dans la salle à manger : trois portraits de famille avec leurs bordures dorées.

« Dans une grande salle : neuf portraits de famille... l'arbre de généalogie de Marie-Angélique de Vuateville [1]. »

Cela fait douze tableaux cités, sur quatorze que nous possédons. Mais ces mentions sont trop vagues pour nous éclairer.

Remarquons que notre collection était complète à la fin du XVIIe siècle; aucun portrait n'est postérieur à cette époque. Anne-Marie la tenait donc — si c'est bien celle dont il est question dans l'inventaire — soit de l'abbesse précédente, soit plutôt, croyons-nous, de l'abbé de Baume [2].

L'inventaire d'Anne-Marie-Desle de Watteville, morte en 1742, n'est pas beaucoup plus explicite ; il nous apporte cependant une donnée nouvelle :

« Dans la sale d'entrée : treize tableaux de la famille encadrés dans la boiserie ;

« ... Dans la chambre voisine de ladite sale et à droite se sont trouvés sept grands tableaux encadrés dans ladite boiserie qui représentent la famille de Vuateville... Plus cinq petits tableaux de ladite famille sur les portes.

« Dans la chambre suivante :

« Le portrait de M. de Vuateville avec son cadre doré ;

« Un autre sur la cheminée, encadré dans la boiserie, de la famille de Nassau.

« Dans une mansarde :

« Cinq tableaux de la famille des Conflans, assortis, leurs cadres dorés.

« Le long du couroir, il y a un grand tableau à cadre doré représentant l'arbre généalogique de la maison de Vuateville [3]. »

Cela fait donc un total de 32 tableaux, tant grands que petits,

[1] Arch. dép. du Doubs, Ch. des comptes, I. de Château-Chalon, n. c.

[2] L'inventaire après décès de Marie-Angélique de Watteville est perdu. Impossible de savoir si elle possédait déjà ces tableaux, signalés avec sa généalogie.

Quant à dom Jean, abbé de Baume, son testament du 30 novembre 1701 institue pour légataire universel Jean-Christin de Watteville, son neveu à la mode de Bourgogne; et dans un codicille daté du 3 janvier 1702, veille de sa mort, il recommande à son héritier « d'en user bien envers l'abbesse de Château-Chalon, d'avoir quelqu'un de ses meubles ». (Arch. dép. du Jura, B 608, f° 208.)

[3] Arch. dép. du Doubs, Ch. des comptes.

consacrés à la famille de Watteville. On y voit « cinq tableaux de la famille des Conflans et celui de la famille de Nassau ». Or, notre collection comprend justement six portraits des Conflans et de leurs épouses, dont est la princesse de Nassau. C'est une coïncidence au moins étonnante.

Les renseignements nous manquent à cet égard sur les deux dernières abbesses. Mais tout porte à croire que l'ensemble de la collection passa de Françoise-Élisabeth, morte en 1775, à sa nièce Charlotte-Anne-Sophie-Désirée de Stain, dite de Watteville, qui, au moment de la vente des biens nationaux, avait racheté son abbaye et mourut à Dole en 1808. A ce moment, le nom de Watteville était éteint en Franche-Comté; les héritiers de l'abbesse étaient Suisses. Il est tout naturel de penser — et ici la tradition familiale nous vient en aide — que l'abbesse légua ses tableaux de famille à la branche établie à Berne et représentée alors par l'avoyer Nicolas Rodolphe, qui les a conservés pieusement dans son château de Landshut, en exigeant par son testament, et probablement d'après les intentions de l'abbesse, que la collection n'en sortît pas. Elle y est encore aujourd'hui, du moins dans son ensemble, car nous avons dit que quelques pièces avaient été distraites en faveur de parents ou d'amis.

Malheureusement, chose souverainement regrettable, le possesseur actuel du château de Landshut[1], officier allemand, se dispose à disperser cette collection si intéressante, au mépris des intentions des donateurs et malgré les efforts désintéressés des branches cadettes de la famille de Watteville.

J'aurai atteint mon but si, après l'avoir fait connaître, j'ai réussi à attirer l'attention sur cette belle série de portraits historiques. Sa place naturelle serait dans un de nos musées francs-comtois. Dieu veuille qu'elle ne vienne pas à tomber — comme il est bien à craindre — entre les mains de quelque brocanteur juif de Francfort, qui se hâtera de l'envoyer rejoindre en Amérique tant d'autres de nos trésors artistiques[2].

[1] Le fils de Nicolas-Rodolphe de Watteville n'ayant laissé que des filles, le château est entré par une alliance dans la famille de Sinner.

[2] Depuis la rédaction de cette notice, M. E.-J. de Watteville est parvenu à acquérir les portraits les plus importants de la collection.

PARIS. — IMP. PLON-NOURRIT ET Cᵉ, 8, RUE GARANCIÈRE. — 1743.

PARIS

TYPOGRAPHIE PLON-NOURRIT ET Cⁱᵉ

Rue Garancière, 8